LA BAVARDEUSE

Le pou et la puce sans antiparasite

Adaptation pour spectacle vivant

André Raynaud

LA BAVARDEUSE

Le pou et la puce sans antiparasite

Le Code de la propriété intellectuelle n'autorisant, aux termes de l'article L.122-5, 2e et 3e a, d'une part, que les « copies ou reproductions strictement réservées à l'usage privé du copiste et non destinées à une utilisation collective » et, d'autre part, que les analyses et les courtes citations dans un but d'exemple ou d'illustration, « toute représentation théâtrale ou reproduction intégrale ou partielle faite sans le consentement de l'auteur ou de ses ayants droit ou ayants cause est illicite » (art. L. 122-4).

Cette représentation ou reproduction, par quelque procédé que ce soit, constituerait donc une contrefaçon, sanctionnée par les articles L. 335-2 et suivants du Code de la propriété intellectuelle.

Pour suivre notre actualité, visitez le site http://www.livrados.fr
Pour écrire à l'auteur : andre@livrados.fr

© 2015 André Raynaud

Autres coopérateurs : Association « Les trois coups » de Saint-Fromond

Éditions : Bod   Livrados

12/14 Rond-point des Champs-Élysée
75008 Paris
Imprimé par : Bod, Norderstedt Allemagne

ISBN : 978-2-3220-1560-3

Dépôt légal : Février 2015

Loi n°49-956 du 16 juillet 1946 sur les publications destinées à la jeunesse

Si je bavarde, c'est uniquement pour...
cacher ma peur de l'avenir.

Le but de cette pièce est le divertissement. Toute ressemblance avec des personnes, des noms propres, des lieux privés, serait entièrement fortuite.

Décors :

La pièce se passe essentiellement dans deux endroits : une caravane et un logement.

Ce qui permet de construire un décor unique. La différence étant faite par la fenêtre. Baie de caravane d'un côté, fenêtre d'appartement de l'autre.

Autre possibilité : un seul décor est possible en séparant l'espace en deux parties. Une figurant un logement, l'autre une caravane. Les acteurs s'installant tantôt d'un côté, tantôt de l'autre selon la scène. Un projecteur n'illumine que la partie utilisée.

(voir schéma)

La Bavardeuse

Idée de décor unique, il peut être simplement dessiné au trait pour situer l'endroit. Où amélioré en faisant un trompe l'œil en tapisserie.

Il suffit d'ajouter une table et des chaises côté caravane et un canapé côté appartement.

Le faisceau des projecteurs n'éclairant que la partie où se déroule l'action.

Personnages

Mélanie	Enjouée et bavarde, 15 ans, très petite. D'une mauvaise foi évidente. Elle cache ses craintes en menaçant de massacrer tout le monde. Elle considère que tout lui est dû. Dure et douce en même temps.
Seb	Cancre de service, 15 ans, très grand. Pas très soigné. Doté d'un don particulier et très embarrassant. En touchant la main ou un objet, il voit le passé de son propriétaire. Uniquement le passé. Faisant des spectacles le soir, il dort en classe.
Sophie	Maman de Seb. Elle habite avec lui dans une caravane. 35 ans, cultivée un peu attirée par l'alcool.
Serge	Haut fonctionnaire dans la police, 35 ans beau mec. Souvent muté. Papa peu présent de Mélanie.
Gipsy	Organisateur de spectacle proche de la retraite et faire valoir de Seb. Circule dans un vieux camion hors d'âge.
Charlène	Ado de 13 ans. Garde Mel et Seb à coucher chez elle à la suite de la panne du camion de Gipsy.
Gangster	Un des hommes surveillés par les enfants. Rôle raconté.

Cette version théâtrale a été adaptée à la demande du chargé de la culture d'une région de France. Elle est destinée plus spécialement aux ados. Mais peut être transposée pour des adultes.

Extraite du livre *La Bavardeuse*, elle est composée d'environ vingt pour cent du texte original.

Cette pièce doit être jouée avec emphase. Mélanie doit parler tout le temps lorsqu'elle est en scène. S'il n'y a pas de texte, elle improvise en bavardant seule.

Quelques indications de mises en scène sont proposées, à titre indicatif. Bien entendu, ce ne sont que des suggestions qui peuvent être modifiées selon la mise en scène et les acteurs.

Acte 1

Dans la partie appartement.

Mélanie *regarde sa montre très impatiente :*

Mélanie : Te voilà enfin, je commençais à prendre racine !

Seb : Qui t'a demandé de m'attendre ?

Mélanie : Mon père va partir une semaine. J'ai personne pour me garder.

Seb : Et alors, t'es plus un bébé. Comment faisais-tu avant ?

Mélanie : Un voisin me prenait. Je ne veux pas aller chez ma grand-mère dans son trou en alpage.

Seb : Je ne vois pas…

Mélanie : Idiot, tu viens chez moi avec ta mère, il y a de la place, j'en ai parlé à mon père, il est d'accord, il sait que nous avons sympathisé.

Seb : C'est impossible, ma mère chez toi, impossible, impossible !

Mélanie : Réfléchis, hébergés, nourris, un peu de sous, tu es difficile ! On a du courant et même de l'eau chaude.

Seb : Tu as beaucoup de courant sans doute, mais pas beaucoup de lumières ! Alors, je t'éclaire. Ma mère picole un peu. Tu dois avoir tout ce qu'il faut pour qu'elle ne voie pas le jour de la semaine. Elle est encore plus « pagaille » que moi. Tu vois le chantier qu'elle peut mettre chez toi. Tu vois, c'est impossible !

Mélanie *implorante :*

Mélanie : Les bouteilles, on les cachera, le rangement, j'aurai plus de travail, c'est tout.

Seb : Je ne veux pas t'enduire d'erreurs ! Explique la réalité à ton père, il ne souhaitera plus nous voir ici.

Mélanie *fait mine de pleurer. Elle se réfugie dans un coin :*

Mélanie : Je ne veux pas aller chez ma grand-mère, s'il te plaît, venez ici, on s'arrangera. Tu as tes problèmes, j'ai les miens. Tu verras, on sera bien.

Seb : Quand je te vois, mes feux de détresse s'allument tout seuls. Je rase les murs, pour ne pas me faire remarquer. Et toi tu bavardes comme un haut-parleur !

Mélanie : C'est comme ton surnom, le Pou, c'est affreux.

Seb : Désolé ! C'est mon nom, je m'appelle Lepoux, en un seul mot avec un x à la fin. Si je faisais le couillon habillé en lapin blanc, ce serait toujours mon nom !

Mélanie : C'est possible un nom pareil ? Ton prénom est mieux ?

Seb : À peine, Sébastien Lepoux.

Mélanie : Remarque, je m'appelle Bienfait, Mélanie Bienfait, à quinze ans, vu que je mesure un mètre quarante-cinq, je ne suis guère mieux lotie que toi.

Seb : Bienfait, … Oui, y a eu des grumeaux dans la pâte le jour où ton père et ta mère ont couché… enfin, tu vois ce que je veux dire !

Mélanie : Ça va toi ! Les choses les plus chères sont dans les plus petites boîtes !

Seb : Bien faite, un peu petite, t'en fais pas, je sais que tu vas grandir bientôt.

Mélanie : Dieu t'entende !

Seb : Je suis désolé pour toi, je veux dire pour l'absence de ton père. Tu comprends… !

Mélanie : J'en parle à mon père ce soir, nous verrons demain.

Seb : Pour vivre avec nous il faut être intrépide ou… désespéré !

    Seb *en aparté vers le public :*

Seb : De super bons moments chez Mélanie, maman était sobre et j'avais une adorable petite sœur. Malheureusement, je ne vois pas l'avenir.

    Petit rideau ou petit noir. Voix off expliquant le tableau.
    Seb et Gipsy *sur scène se disposent pour figurer une scène de théâtre.*
    Mélanie *et* Serge *sont allés s'asseoir dans la salle.*
    Seb *s'adressant au public :*

Seb : En tout cas, on ne me la fait pas à moi ! Vous savez pourquoi Napoléon ne déménageait jamais ?

Gipsy : Non, pourquoi ?

Seb : C'est parce qu'il avait un bon appart.

Gipsy : Tu ne t'es pas fatigué beaucoup, cette blague est connue de tous !

Seb : Je commence à me ménager pour ma retraite !

Gipsy : Pour ta retraite ! Déjà !

Seb : Oui, avec un patron comme toi, ça compte beaucoup plus.

Gipsy *court derrière Seb, descend dans la salle :*

Gipsy : Si je t'attrape !

Gipsy *remonte avec une alliance remise par un spectateur :*

Gipsy : Un peu éculées tes blagues ! On dit que tu devines des choses, j'aimerais voir ça... Par exemple, avec l'alliance de ce monsieur que peux-tu dire ?

Seb : Monsieur est menuisier, marié avec Héléna, votre fille Évelyne a vingt-cinq ans.

Gipsy : Est-ce juste ?

Gipsy *après un temps :*

Gipsy : Est-ce vrai ?... Monsieur approuve. Tout est juste, très juste. Vous ne connaissez pas Greg ? Greg, la date du mariage de Monsieur ?

Seb *regardant dans l'alliance :*

Gipsy : Ça c'est facile, le 3 août 1982… C'est bizarre !

Gipsy : Qu'est-ce qui est bizarre Greg ?

Seb : Ce n'est pas le 3 août qui est gravé dans l'alliance. D'ailleurs, le 3 août 1982, c'était un mardi !

Gipsy : T'as raison, monsieur confirme : la mairie, c'était le mardi et le samedi à l'église.

Assise dans la salle, Mélanie *demande à son père :*

Mélanie : Tu savais qu'il faisait ce spectacle ?

Serge : Non, mais un gamin qui fait la seconde partie, je veux absolument voir ça.

Mélanie, *ronchonne se sentant trahie par son silence. Elle s'approche de la scène, interpellant Greg, elle retire son bracelet et le lui tend, criant presque :*

Mélanie : Greg, que peux-tu dire sur moi ?

Seb : J'ai rien à dire !

Mélanie : Tu ne peux rien dire, alors ton numéro est truqué !

Seb : Ne m'oblige pas à parler de choses déplaisantes.

Gipsy : C'est fini, vous deux ! Que se passe-t-il ?

Seb : Rien, mademoiselle est sceptique, elle l'aura voulu. Elle s'appelle Mélanie, c'est facile.

Gipsy : Pourquoi est-ce facile ?

Seb : Sous son ticheurte, elle porte un collier avec les lettres du prénom découpées, c'est le sien.

Mélanie : Mais encore ?

Seb : Une promotion a conduit son père ici, ils viennent d'arriver.

Mélanie : Beaucoup de gens le savent, ce n'est pas une preuve !

Seb : Je peux dire la dernière chose qu'elle a faite ce soir avant de partir de chez elle pour venir ici.

Gipsy : Qu'a-t-elle fait ?

Seb : Elle a sorti son journal et elle y a écrit une phrase.

Gipsy : Greg, tu peux nous lire la phrase ?

Seb : Bien sûr, je peux !

Gipsy : Elle a écrit quoi ?

Seb *en narguant Mélanie d'un sourire supérieur :*

Seb : Elle a écrit « dommage que tu travailles ce soir, le spectacle sera triste sans toi ».

Gipsy : C'est exact ?

Mélanie : Oui, oui…,

Mélanie *regagne sa place très gênée.*

Petit noir.

Mélanie**,** Seb *et* Serge *le lendemain côté caravane :*

Mélanie : Tu m'as ridiculisée hier !

Seb : Tu as insisté, tu as eu ton paquet. Je sais comment se termine ce genre de défi.

Mélanie : Obligatoirement, un voyant, il sait !

Seb : Arrête tes suppositions, je ne vois rien sur l'avenir. Et je ne suis pas un microscope, je ne m'occupe que des grandes choses… pas des microbes… enfin des petites gamines microscopiques comme toi !

Serge : Ta mère n'est pas là ?

Seb : Non, elle travaille.

Mélanie *: furieuse :*

Mélanie : Papa, je vais le tuer ! Explique-nous le truc.

Seb : Il n'y a aucun trucage, c'est de naissance. Je vois, c'est tout. Avec un objet ou en serrant les mains de quelqu'un, je peux raconter sa vie, ou presque, c'est très embarrassant.

Serge : Je compatis.

Mélanie : Que sais-tu encore sur moi ?

Seb : Cette nuit tu as ruminé, tu as éteint la lumière à trois heures et tu as mal dormi.

Mélanie : Papa, c'est indécent, imagine ! Il nous regarde !

Serge : Et sur moi ?

Seb : Vous étiez en poste à Bordeaux, nommé inspecteur général, le super-flic a atterri ici. Votre ex-femme est à Marseille et file un mauvais coton.

Mélanie : Pas mal !

Serge : Ma fille supporte les quolibets et les mauvais traitements à l'école. Sa taille, et fille d'un policier, tu vois le tableau.

Seb : Très bien ! Je ne dis pas que vous être keuf, vous ne parlez pas de mon spectacle ni de Greg.

Mélanie : Parfait pour moi. Tu bosses la nuit, je comprends pourquoi tu dors en cours.

Serge : Ta mère se désole de ton désintérêt pour l'école, c'est important d'apprendre, tu le sais.

Seb : Côté scolaire, rien à faire, j'ai déjà touché le fond, alors !

Mélanie : Sans doute, mais tu creuses encore ! Il est temps de t'arrêter… J'y pense, tu peux gagner au loto à tous les coups !

Seb : Que dalle ! Tu n'as rien compris ! Je ne vois pas l'avenir, je ne sais pas ce que tu vas faire dans deux minutes. Je vois seulement le passé.

Serge : Ma fille se croit en vitrine et toi au cinéma. Je doute qu'elle continue à fréquenter un gars qui voit la couleur de son pyjama à plusieurs kilomètres.

Mélanie : C'est vrai, que vois-tu ?

Seb *levant la main à un mètre du sol :*

Seb : Une chienne minuscule, sans maître et sans laisse qui veut vivre comme une grande louve… Non, je te fais marcher et tu sprintes comme une championne !

Mélanie : C'est vrai, t'es pas fréquentable, tu as lu mon journal en public, t'es un affreux mec ! Tu prêtes à rire, mais tu donnes à pleurer !

Seb : Tu voulais me piéger ! Je n'ai rien dit de plus qu'aux autres.

Mélanie : Tu pouvais le glisser dans mon oreille discrètement, juste pour moi !

Seb : Tu t'es gênée, toi, pour supposer que mon numéro était truqué ?

Seb : *plein d'incompréhension :*

Seb : À quoi bon discuter avec toi, tu veux toujours avoir le mot de la fin, même si ce mot est mal choisi.

Mélanie : Mal choisi ! Je choisis mal mes copains, ça c'est sûr !

Serge : Je vous laisse vous entretuer ou faire un tour, la main dans la main, vous me saoulez avec vos chicanes, je vous laisse.

        Serge *sort de scène* :
        Mélanie *indignée* :

Mélanie : La main dans la main, t'es dingue ! Pour qu'il voie la couleur de ma petite culotte, tu peux courir, je sais marcher toute seule depuis longtemps ! Je reste là !

Seb : Normalement dans ce genre de spectacle, il y a un truc. Avec moi, il n'y en a pas, c'est tout.

Mélanie : Ton spectacle ne vaut rien, pas un centime, pas un clou, rien !

Seb : Cherche pas, avec moi, même en euros, tu n'as pas les moyens ?

Mélanie : Tu vas perdre ce pouvoir en grandissant.

Seb : Pourquoi, tu envisages de m'épouser ? Impossible, je te verrais, … occupée à me tromper !

Mélanie : T'es fou, un mec comme toi, c'est à éviter à tout prix. Déjà, t'es deux fois plus grand que moi.

Seb : Avec toi, plus le temps passe, plus mon avenir s'essouffle… c'est seulement ma taille ?

Mélanie : Non, tu oublies trop souvent de te laver, tu es hirsute… tu fais un peu clochard.

Seb : Sans parler de la taille ?

Mélanie : Pas trop mal, bien lessivé, peigné, revêtu de bons habits, tu pourrais faire la semaine. Le dimanche tout juste présentable.

Seb : Encore un mot, je te colle une fessée.

Course poursuite à travers la scène :

Mélanie : Essaie pour voir, je t'allonge et tu dors à la morgue.

Serge entre en scène en applaudissant :

Serge : Bravo les enfants, vous progressez vers la paix.

Mélanie : Je préfère me taire !

Seb attrape un dossier posé sur un meuble :

Seb : J'y pense, Serge, j'ai besoin de votre aide.

Mélanie : Pourquoi ? si tu as pris un procès, pas la peine, il n'y peut rien.

Seb : Tu n'arrêtes jamais ! Je parle au photographe amateur, pas au policier.

Mélanie : ouvrant le dossier s'empare des photos :

Mélanie : Mais il est beau mon Greg, bien plus beau que toi ! Avec cet habit rempli de lumière, tu vas ressembler à un arbre de Noël, risible !

Seb : C'est pour l'affiche de mon prochain spectacle, j'hésite entre ces phots.

Mélanie : C'est la numéro sept, sur l'autre, tu as ce sourire macho, j'aime pas. Regarde, papa dis-lui que j'ai raison !

Serge : Je ne dis rien, Seb va choisir chez lui, tout seul.

Mélanie : Avec la solidarité des mecs ! L'avis d'une personne de goût, comme moi, ne compte pas !

Serge : Où apprends-tu ces raisonnements féministes d'un autre âge ?

Mélanie : Et ! Je ne suis pas tombée du dernier train de patates, je me cultive ! Moi ! Les filles ont de l'intelligence ! Les garçons ne pensent qu'à s'amuser… c'est bien connu !

Seb et Mélanie *sortent.*

Petit noir, voix off. Mélanie *a été enversée par un scooter.*

Mélanie *a un plâtre au bras droit et un gros bandage à la main gauche.*

Mélanie *dansant d'un pied sur l'autre :*

Seb *entre…*

Mélanie : Je ne tiens plus, j'ai envie de faire pipi !

Seb *montrant la porte :*

Seb : Les toilettes sont là.

Mélanie *montrant ses bras :*

Mélanie : Je fais comment ?

Seb : Pourquoi l'infirmière t'as mis une culotte ?

Mélanie *très gênée :*

Mélanie : Pas pensé. Aide-moi ! Et gare si tu en profites.

> Mélanie *grimace*, Seb *retire le tissu minuscule (fixé à la cuisse par un élastique figurant la culotte), et le jette sur scène comme un trophée :*

Seb : Voilà libérée ?

> *Petit noir :*
> *Retour à la table* Mélanie, Seb *et* Serge *puis* Sophie.

Mélanie : Je ne veux pas aller chez mamy ! L'alpage, c'est mortel ! L'air de la montagne ne fera aucun bien à ma fracture. Tu me vois là-haut ! J'irai pas, j'irai pas !

Seb : Voilà ce qui arrive quand on se jette sur un scooter… surtout lancé à fond… La prochaine fois que tu as envie d'embrasser le pilote attend qu'il soit à l'arrêt !

> Sophie *entre en scène :*

Sophie : Eh, c'est la révolte ici !

Mélanie : Je ne veux pas aller à l'alpage paître avec les vaches. Ici, je peux toujours me chamailler avec Seb.

Serge : Alors, tu peux te chamailler là-bas, tu amènes Seb et tout est réglé.

Seb : Je ne peux pas, j'ai encore des spectacles avec Gipsy.

Serge : Impossible, je ne peux pas rester avec toi, Sophie non plus.

Mélanie : Eh, je fais comment d'habitude ? Je suis un peu diminuée, mais Seb est là. Nous sommes deux pour faire face. Tu es un père formidable.

Serge : Tu es bien plus ma bonniche que ma fille et ce n'est pas ton rôle… Je suis certain que tu as une petite idée !

Mélanie : Évidemment, quelle question ! Si tu le dis ! Le plus simple. Seb et sa mère restent avec moi, tout est réglé.

Sophie : Si Mélanie a besoin de nous, on est là.

Serge : Puisque c'est un complot, je m'incline.

> *Petit noir, voix off :*
> *Le lendemain matin autour de la table du petit déjeuner.*
> Mélanie**,** Seb**,** Serge *sont installés.*
> Mélanie *chipote devant son bol :*

Mélanie : Il faut que tu me fasses boire.

Seb : T'as encore mal ce matin ?

Mélanie : Un peu moins. Tu m'as apporté mes cachets cette nuit. Je te donne beaucoup de tracas, excuse-moi.

Serge : Mélanie a proposé de m'aider. Elle ne peut pas le faire seule. J'explique : nous devons arrêter une bande de braqueurs très dangereux. Dix braquages et deux morts à leur actif. Une partie d'entre eux vient de se réfugier en ville.

Seb : Ici, chez nous ! Pas de chance pour nous !

Serge : Ça dépend des circonstances !

Mélanie : C'est ce qui va les perdre. On va les avoir à nous deux ! Tu vas voir la louve sans collier au boulot, grand benêt.

Serge : Pour avoir l'air d'une louve, tu as la langue assez longue… mais il te manque la mâchoire. Ces types sont

	extrêmement méfiants, pas question de surveillance directe, ils repéreraient immédiatement des flics en planque.
Seb :	Alors, il est impossible de les surveiller ?
Serge :	Mel a eu une idée formidable.
Seb :	Tu ne dormais pas ?
Mélanie :	J'en ai eu marre d'avoir mal sans rien faire, je me suis levée. Quatre heures de sommeil, c'est bien assez, après c'est de la paresse ! Toi t'es une vraie marmotte !
Seb :	Et comme ça, après un réveil douloureux, l'idée a jailli !
Mélanie :	Pas vraiment. Je me plaignais de ne savoir quoi faire de la journée, mon père de ne pas avoir de main-d'œuvre.
Serge :	Idée folle au départ.

Seb *désabusé :*

Seb :	Je frôle le coma *rigoladique* à force de me marrer ! Un gang de dangereux terroristes capturé par un ignorant et une emplâtrée. Ça ferait rigoler dans les chaumières remarque. Toutefois, si la police est inefficace, je ne vois pas ce que nous pouvons faire !
Serge :	Ce que la police ne peut pas faire, vous, vous pouvez le faire.
Seb :	Là, je suis largué, je dors trop à l'école, c'est certain !
Serge :	Qui se méfiera de deux gosses insupportables qui jouent sur la place ? Braqueurs ou pas, qui ira suspecter

	une emplâtrée comme tu dis et son copain qui usent leurs vacances comme ils peuvent.
Seb :	Insupportable ! C'est le mot exact pour la moustique ? S'il faut que je joue avec elle, c'est foutu d'avance !
Mélanie :	Aujourd'hui, j'ai mal, râle pas. Tu sais jouer à quoi ?
Seb :	C'est sérieux cette idée idiote ?
Serge :	Très sérieux. Surveillance des allées et venues uniquement.
Seb :	On peut faire du vélo.

Mélanie *montrant ses bras :*

Mélanie :	Bonne idée !

Serge *ouvrant un dossier posé sur la table :*

Serge :	Nous devons nous adapter aux circonstances.
Seb :	J'y crois pas ! Alors c'est déjà parti ! Vos supérieurs n'ont pas leur mot à dire dans l'emploi de la jeunesse comme balançoire ?
Serge :	Par prudence, je ne pose pas la question. Par contre, il me faudra l'accord écrit de ta mère.
Seb :	Tu l'auras, elle a toujours voulu se débarrasser de moi. C'est une occasion unique ! Une mort en héros pour le bien de la France, une gloire pour son idiot de fils !
Serge :	Vous savez faire du patin à roulettes tous les deux ?

Mélanie :	Papa ! Maintenant, c'est du roller. Moi, j'en ai fait à Bordeaux avant que tu ne fasses arrêter les autres patineurs. Et toi Seb ?
Seb :	Oui, ça va, pourquoi ?
Mélanie :	Chouette, à tous les coups, je vais te faire mordre la poussière.
Seb :	Arrête de sourire, ça te défigure encore plus ! La poussière ! Peut-être, quand tu ne seras plus « paralysée », et encore !
Serge :	Silence, continuons. Il y a un concours de « rollers », le 15 août. Et vous vous entraînerez sur la place devant la maison des types. Un entraînement sérieux, pour le cas où l'un d'entre eux s'y connaîtrait, on ne sait jamais.
Mélanie :	Sans les bras, pas facile ! Je fais comment, moi ?
Serge :	Seb s'entraînera tout seul au début. Mélanie, viens que je t'habille. Je vais glisser un traceur dans ton col pour te suivre. Seb, tu glisseras le tien dans la ceinture du pantalon en décousant un peu là où le tissu est épais à la couture arrière par exemple.

Petit noir. La voix off explique les enfants patinent :

Mélanie *et* Seb *font mine de glisser sur des rollers :*

Seb :	Pas mal cette place. Pense à ce qu'a dit ton père : tourner le dos quand nous parlons d'eux, n'oublie pas.
Mélanie :	T'y crois-toi au mec qui lit sur les lèvres à la jumelle ?
Seb :	Ne cherche pas, ce sont les ordres, ok !

Mélanie : Bien patron ! Tu veux bien ramener ton équipière, elle recommence à avoir la tête lourde.

Seb : Faible femme !

Mélanie : L'admiration est plus facile que le respect. Les deux te sont largement inconnus, tout comme la galanterie !

Petit noir, Mélanie, Seb *et* Serge *assis autour de la table :*

Serge : Tout fonctionne parfaitement, je vous ai suivis dans tous vos déplacements. Alors cette place ?

Seb : Parfaite, nous sommes même déjà repérés. Nous y retournerons cet après-midi si Mélanie n'est pas trop fatiguée. Je vais prendre mon vélo pour aller et venir, ce sera mieux et plus rapide.

Serge : Faites très attention ! Vous devez passer pour frère et sœur, et vous restez tout le temps ensemble.

Mélanie : Mais alors ! …nous allons habiter dans la ferraille avec Sophie ? Chouette, je n'ai jamais dormi dans une boîte de conserve !

Serge : Pouce ! On appelle cela une caravane.

Seb : Mel dans la niche en tôle, avec moi ! Impensable ! Nous mettons du poison pour les petites souris !

Mélanie : Le jour même où je suis déballée de ce plâtre, je te coupe en tranches, compte sur moi.

Serge : J'amènerai Sophie avec vos affaires. Mélanie prépare ton sac.

Mélanie : Trop bien, je fais une fugue, et autorisée encore !

Serge : Je vous dépose à l'hôpital pour la visite de contrôle et c'est la coupure.

Seb : Ma mère n'est pas au courant, je croyais…

Serge : J'ai l'autorisation.

Petit noir, voix off, retour sur la place, pour le roller.
Mélanie et Seb *sur scène.*
Seb pose les plots au sol et slalom entre eux :

Mélanie : Un peu large le passage !

Seb : Tu peux essayer. C'est pour toi.

Mélanie : T'es fou, si je me recasse la binette, c'est ma figure qui prend tout.

Seb : La championne qui veut me faire mordre la poussière !

Mélanie : Attache ces trucs à mes jolis pieds, ramasse tes orteils et jouons notre comédie !

Seb : *marmonnant, commence à jouer le rôle :*

Seb : Tu veux faire le concours ? Tu sais que je ne t'en voudrais pas si tu renonces. Surtout, je ne veux pas que tu tombes encore une fois, ce serait dangereux.

Mélanie : Si je ne le fais pas, tu n'as plus de partenaire, tu ne pourras pas y participer.

Seb : Eh ! le monde ne s'écroulera pas.

Mélanie : Tu y tiens tellement.

Seb : C'est vrai, c'est pour parader devant Léa, tu t'en doutais de toute façon !

Mélanie : Dès qu'il y a un jupon qui passe, tu as la langue pendante et les yeux d'un loup. Rentrons, ma tête devient douloureuse.

Seb : C'est vrai, Léa est mignonne, elle est carrossée comme un rêve de séminariste !

> *Petit noir*
> Mélanie, Seb *et* Serge *assis à l'appart :*

Serge : Alors les nouvelles ?

Seb : Rien de particulier, nous avons investi les lieux, c'est tout.

Mélanie : Non, ce n'est pas tout. Pendant que tu faisais le guignol, j'ai observé, moi ! À la fenêtre de l'étage à gauche quelqu'un nous regardait à la jumelle. Si c'est ton sourd lecteur de lèvres, il est gavé, on a sorti tous nos bobards d'un coup.

Serge : C'est bien ma fille. Il faut faire vrai, méfiez-vous. Et toi Seb, quelque chose ?

Seb : Pas grand-chose, une bâtisse en pierre, je pense qu'il y a deux grandes pièces en bas, la cuisine à droite, la salle à gauche. Deux chambres au-dessus avec la salle de bains et un troisième niveau.

Serge : Tu as enregistré tous ces trucs en si peu de temps. Désormais, je ne vais plus embaucher que des gosses.

Mélanie : Il n'y en a que deux bons, et tu les as déjà recrutés.

Serge : Je reconnais bien la légendaire modestie de ma Puce.

Mélanie : Tu as vu toute la maison, en faisant du roller ?

Seb : Toujours des questions ! Je croyais que tu avais mal au crâne ! Tu compares tout ramené à toi ! Tu es égoïste et l'égoïsme, c'est une passion de soi qui déraille !

Mélanie : Prépare mes comprimés au lieu de chercher des excuses à l'admiration… que tu me portes.

Mélanie *après une mimique vers le public :*

Mélanie : Il est mignon non ?

Seb : Flatteries ! On dirait un roman-photos… sans photos.

Mélanie : Tu ne m'as jamais dit que tu jouais au flic de cette façon, pourtant je suis ta fille !

Serge : Je ne pensais même pas avoir à te le dire un jour. Pas grave, après cette affaire, je démissionne.

Mélanie : J'espère que tu ne le fais pas pour moi, je suis très bien avec toi en super-flic.

Serge : Dernière chose, évitez de me griller. Si vous n'êtes pas seuls, vous appelez le numéro secret.

Seb : Je comprends mal !

Serge : C'est simple, le téléphone que je t'ai donné, c'est pour appeler ta mère, pas la police. Elle me transmettra.

Mélanie : Quelle salade !

Serge : Pour le commun des mortels, vous êtes deux gosses habitant dans une caravane avec votre mère. Fous de rollers, vous préparez activement un concours. À ce propos voilà des photos à garder dans vos sacs.

Mélanie : C'est nous, en tenue de rollers, au pied d'un podium. Qui a fait un truc pareil ?

Serge : Des techniciens !

Seb : Vous pensez à tout !

Serge : C'est mon travail. Je me sauve, Sophie vous expliquera, si vous avez loupé quelque chose.

    Serge *sort de scène.*

Mélanie : Des vacances ! Surveillée par mon père au GPS. Si j'avais su, je serais allée chez ma grand-mère me reposer avec les vaches.

Seb : Qui a proposé d'endosser ce rôle, n'est-ce pas toi ?

    Sophie *entre en scène, côté caravane.*

Sophie : Laisse la petite tranquille.

    Sophie *: s'adressant à Seb :*

Sophie : Je veux que tu sois gentil. Le départ de son père est pénible dans les circonstances présentes.

Seb : Je sais !

Sophie : Si je la vois pleurer, c'est toi qui prends, nous sommes d'accord ?

Seb : Oui maman !

Sophie : Au lit vous deux, occupe-toi des médicaments de Mélanie.

Mélanie : Tu es trop mignon !

> *Petit noir, c'est le matin.*
> Mélanie *est couchée,* Seb *est allongé contre elle,* Sophie *entre ensommeillée.*

Sophie : Eh vous deux ! Vous gênez surtout pas pour moi !

Seb : Maman, tu es enfin réveillée ! Appelle l'ambulance et prends sa température au lieu de râler.

Sophie : Qu'est-ce qu'elle a ?

Seb : Elle a été malade toute la nuit.

Sophie : 36,1°, c'est peu. Et toi le grand dadais, tu ne pouvais pas me réveiller, idiot.

Seb : Pour aller faire la queue durant des heures en attendant la visite de l'interne de garde à moitié dans les vapes !

Mélanie : Seb laisse tomber, je vais bien.

Seb : Le glaçon est réveillé ? Tu m'as fait grelotter toute la nuit, tu ne vas pas t'en sortir comme ça !

Ils sortent tous.

Mélanie *et* Seb *de retour après une séance de leurre sur la place :*

Mélanie : Le docteur a dit : regarde ton frère, je ne suis pas certaine de vouloir d'un frère comme toi !

Seb : Moi non plus, je n'ai pas besoin d'une toute petite sœur…comme toi ! Tu vas bien ?

Mélanie : Je vais bien !... Tu t'es bien marré en racontant des idioties aux flics, n'est-ce pas !

Seb : Ils nous avaient vus à deux sur le vélo, on a assuré.

Mélanie *: imitant les gestes de Seb :*

Mélanie : Oui, ma sœur est fatiguée, je l'aidais. Je ne me fiche pas de vous ! Je n'ai qu'une paire de rollers, les miens ! Et je ne m'en sers même pas.

Seb : J'ai pas de sous pour payer tout de suite. Je collerai un timbre-amende, promis !

Mélanie : Tu as vu sa tête quand tu as donné ton nom : Lepoux Sébastien. Tout de suite il a demandé tes papiers ! Les tuniques bleues sont féroces, cette année !

Seb : Et tu flippais quand le gangster est sorti. Il n'allait pas nous abattre devant sa planque ! Idiote !

Mélanie : En tout cas il a tout gobé : « Ma sœur est épuisée, elle a vomi cette nuit ». J'ai dû me forcer pour pleurer en prétendant que c'était la cata avant le concours.

Seb : Avec son bras en moins, c'est loupé pour nous deux. Surtout pour elle qui en a marre d'être sur la seconde marche.

Seb *levant le bras à un mètre du sol :*

Seb : Comme elle est petite, elle a l'air d'être sur la troisième.

Mélanie : Le braqueur est sorti pour savoir ce que voulait la police. Toi tu le baratines, raide comme une tringle à rideau, sans lui prendre les mains.

Seb : Quand j'ai dit que j'allais payer pour éviter les histoires, tu as vu sa surprise. Et sa curiosité quand tu as avoué : si les flics fourrent le nez chez nous, c'est la cata !

Mélanie : Depuis que le vieux s'est tiré, c'est la dèche. Ça avait l'air de lui faire plaisir !

Seb *: changeant de sujet :*

Seb : Tu sais, samedi, je travaille ?

Mélanie : Mon père a prévu. J'ai bien aimé quand le gangster a dit : occupe-toi de ta sœur !

Mélanie *et* Seb *dans la caravane :*

Mélanie : Le chocolat refroidi, viens beurrer mes tartines, fainéant... J'aime bien être ta sœur !

Seb : Rassure-moi, tu es d'attaque ?

Mélanie *tripotant sa nuque :*

Mélanie : Tu sais, à l'hôpital dans le coma, je sentais tes doigts dans mes cheveux. C'est peut-être ce qui m'a réveillée.

Seb : C'est vrai ?

Mélanie : À l'hôpital, le goûter est délicieux, pour une fois que tu me gâtes. C'est pour fêter la libération de mon bras ? J'ai une main libérée, bientôt je n'aurai plus besoin de toi. Enfin, de la main gauche, je suis maladroite.

Seb : Si ce n'était que de la main gauche ! Enfin, seul, j'aurai la paix !

Mélanie : J'adore ta mère, elle m'a torché sans la moindre grimace de dégoût.

Seb : Je n'avais pas pensé au côté essuyage du problème. Mais c'est un peu la vérité, maman a toujours voulu avoir une fille. Pas de chance pour elle,… je suis né.

Mélanie : Toi, tu es trop mignon, tu t'es occupé de moi mieux qu'un frère.

Seb : Je suis TROP mignon maintenant !

Mélanie : Te moque pas. Je ne suis que de passage ici.

Seb : Tu vas partir ?

Mélanie : Il ne faut pas se faire d'illusions, quand cette affaire sera finie, mon père ira s'occuper d'une autre ailleurs. C'est son travail.

Seb : Sais-tu ce qu'ils vont faire tous les deux avec ma mère pendant que nous ferons le spectacle ?

Mélanie : Aucune idée, ils vont nous surveiller sans doute.

Seb : Tu dois avoir raison.

> Serge *entre* , Mélanie *se précipite dans ses bras :*

Serge : Comment vas-tu ma fille ? Maintenant que tu es à moitié déballée.

Mélanie : Mieux ! C'est une résurrection. Demain, comment fait-on ?

Serge : Je ne sais pas, tu vois avec Sébastien. Surtout Mélanie, tu es gentille, tu ne l'ennuies pas. C'est sérieux, c'est son travail.

Mélanie : Papa ! Je resterai loin de lui, sinon il racontera encore ma vie à tout le monde !

Serge : J'ai retenu un hôtel pour vous et Gipsy. En arrivant, installez-vous dans vos chambres et reposez-vous avant le spectacle.

Mélanie : À l'hôtel, tous les trois ! On va bien se marrer.

Serge : Mélanie…, si vous rentrez à deux heures du matin, marrez-vous en silence.

Mélanie : Papa ! Je sais me tenir, en douterais-tu ?

Serge : Je te la laisse Seb*,* essaye de ne pas la tuer avant que je ne la revoie.

> *Petit noir, voix off : à l'hôtel à cent vingt kilomètres.*
> Mélanie *,* Seb *et* Gipsy *autour du lit.*
>
> Mélanie *montrant le poing :*

Mélanie : C'est bien l'hôtel, mais je te préviens, si tu m'énerves quand tu auras fini ton spectacle et raconté tes salades, je vais te faire ta fête, facile, même avec un seul bras.

Seb : J'ai tellement peur, j'en tremble !

Mélanie : Tu vas leur dire quoi à tes admiratrices, je peux savoir ?

Seb : Je ne le sais pas moi-même. Je dirai ce que je vois, c'est tout.

Mélanie : Tu parles ! Drôle de façon de gagner sa vie !

Seb : Gagner ma vie, pour quoi faire ? Ma vie, je l'ai déjà, ma mère me l'a donnée. Je n'en ai jamais retirer que des catastrophes. Tiens ! Comme notre rencontre par exemple ! Dommage pour moi !

Mélanie : Je suppose que je devrais très mal le prendre ?... Pour le spectacle, que vas-tu raconter ?

Seb : Je ne sais pas ce que je vais dire, tu m'énerves Mélanie !

Mélanie : Jure-moi, tu ne réciteras pas le journal intime des filles, jure, allez, jure !

Seb : Je te le jure sur une pile de bibles si tu veux, tu es contente ?

Mélanie : Je suis à peine rassurée.

    Gipsy : *Occupé à lire, lève la tête mettant un doigt devant sa bouche :*

Gipsy : Silence, la marmaille.

Mélanie : En revenant, tu me raconteras tout ce que tu as vu, je ne te ficherai pas la paix avant de savoir !

Seb : Tu rigoles, c'est confidentiel !

Mélanie : Juste pour moi !

    Gipsy *excédé :*

Gipsy : Taisez-vous un peu ! Je vous laisse cette chambre, je préfère m'éloigner pour dormir tranquillement, à l'abri de vos bavardages.

Mélanie : Mais…on n'a encore rien dit !

Gipsy : Alors, j'éloigne mes oreilles deux fois plus loin !

Seb : Si tu n'as que cette vieille jupe passée à mettre, tu ne viens pas dans ma loge, j'ai un rang à tenir !

Mélanie : J'ai ce qu'il faut pour aller dans le grand monde.

    Mélanie *se fait toute câline :*

Mélanie : Seb, j'ai mal à la tête.

    Gipsy *content :*

Gipsy : C'est bien fait !. Si tu t'agitais un peu moins. Tu as raison Seb, une tornade ta copine !

Mélanie : Sébastien ! T'as dit ça de moi ? Une tornade ! Déballée, je t'écorche tout vif !

Seb : Voici ta dose de médicaments, tu n'auras plus mal.

>   Gipsy *plein de compassion :*

Gipsy : Je vois combien tu apprécies quand elle dort. Pourquoi son père nous l'a mise dans les pattes ?

Seb : Pour que quelqu'un se saoule à l'écouter !

Gipsy : J'espère qu'elle ne t'ennuiera pas sur scène !

Seb : Mais non.

Seb : Melanie, on se dépêche, on y va !

Mélanie : Attends un peu, je ne suis pas maquillée.

Gipsy : Tu te maquilleras dans la loge, nous partons !

> *Petit noir*
> Seb *debout, comme sur scène.*
> Mélanie *s'est assise en spectatrice dans le public :*

Gipsy : Qui veut demander quelque chose au grand Greg ? Le jeune homme là.

Seb : C'est ton portable qui te tracasse ? Je l'ai trouvé. Tu crois que c'est impossible ? Mardi dernier, tu l'as mis dans ta poche de pantalon ? Ta mère l'a suspendu à un cintre dans le placard. Gipsy va te passer son portable et tu vas appeler ta mère chez toi. Ah, elle est là, mais il y a ta sœur ! Dis à ta sœur d'aller voir dans ton placard la troisième chaussure en partant de la droite. Le téléphone est tombé de ta poche. Voilà, tu l'as retrouvé. Ta sœur s'appelle Amélie et vous habitez Marseille !

Petit noir. La voix off annonce la fin du spectacle.
Seb entre avec Gipsy *portant* Mélanie *dans son lit :*

Gipsy : Voilà, elle n'est pas réveillée, quel calme !

Seb : Tout d'un coup, tu es bien aimable avec elle.

Gipsy : Ne cherche pas Seb, j'ai toujours rêvé d'avoir une fille.

Seb : Je ne te savais pas en manque d'enfant.

Gipsy : Je t'ai toi ! Tu n'es pas le plus mauvais, je m'en contente.

Seb : Tu sais, elle cache ses états d'âme derrière une façade, comme beaucoup d'entre nous ! Si tu patientes un peu, tu verras, elle est trop mignonne, comme elle dit. Simplement un peu sauvage.

Mélanie se lève et va vers la salle de bains :

Mélanie : Qui est sauvage ? Pas moi, j'espère !

Seb : Tu ne dors pas ? Il est tard.

Mélanie : Pas question !

Gipsy : Il est deux heures du matin. Je vais me coucher ne faites pas de bruit.

Mélanie revient, vêtue de son pyjama.
Seb passe dans la salle de bains en marmonnant :

Mélanie : Le public pense qu'il y a un truc ! Je suis sidérée. Je n'ai plus envie de te parler !

Seb : Tu n'y es pas obligée, ça fera des vacances à mes oreilles.

    Seb *revient, aussi en pyjama :*

Mélanie : Tu sors d'un vide-grenier ou quoi ? Mon grand-père avait le même pyjama, en bleu. Ça se fait encore ce genre de truc, c'est un vrai cauchemar.

Seb : Je suis habillé, c'est tout, l'élégance n'est pas de mise pour aller dans un lit !

Mélanie : Dans les bras de Morphée quand même ! Où tu vas ? reste là.

Seb : Tu abuses Mel ! Je vais me coucher dans mon lit !

Mélanie : Je suis malade, papa, t'a dit de veiller de moi, un point c'est tout.

Seb : Malade ! Si on veut !

Mélanie : Je peux te demander un truc ?

Seb : Essaye toujours, tu verras bien !

Mélanie : Je me demande pourquoi je suis là !

Seb : Ce que tu fiches ici, je le sais ! Tu as trouvé…

Mélanie : Rêve pas mec, je n'ai rien trouvé du tout.

Seb : Si, Mélanie, tu as trouvé quelqu'un. Quelqu'un à qui tu peux casser les oreilles et tu en profites à fond !

Mélanie : Je dois le prendre comment ?

Seb : Je ne sais pas. Peut-être comme une porcelaine qu'un rien casse. Une égérie qu'un rien ne fâche ! Une soupe au lait sur le feu qui déborde. Tu as le choix !

Petit noir : c'est le matin.
Le réveil a sonné, Gipsy *entre et jette le journal sur le lit de Seb :*

Gipsy : Voilà du papier pour Greg, tu as vidé les encriers de la presse. Un bon article. J'ai commandé des petits-déjeuners complets en passant. Je ne connais pas les goûts de la bavarde.

Mélanie *ânonne la voix ensommeillée :*

Mélanie : Qui est bavarde ? Pas moi en tout cas ! Chocolat et croissants ce serait bien !

Seb : Montre ton journal.

Gipsy : Je voulais que tus voies ça. Il y a une belle photo.

Mélanie : *arrache le journal des mains de Seb :*

Mélanie : Montre un peu.

Seb : J'ai faim, à table.

Mélanie *montrant son plâtre :*

Mélanie : Mets un peu de confiture sur mon croissant.

Gipsy *moqueur :*

Gipsy : Greg, le superman de l'art de la pensée, beurre les tartines d'une petite poupée Barbie. Si tes fans te voyaient, elles seraient très, très déçues.

Seb : On fait ce qu'on peut. Même les bêtes méritent qu'on les aide !

Gipsy : Je te laisse avec ta Barbie.

Seb : Chacun ses faiblesses.

> Mélanie *furieuse :*

Mélanie : Pour toi, je suis une bête et une faiblesse. Vivement que je sois déparalysée, tu vas le payer, une sacrée ardoise.

> Mélanie *va vers la salle de bains.* Seb *lit le journal :*

Mélanie : Seb, viens ici une minute ! Aide-moi, d'une seule main, je n'arrive pas à ouvrir le dentifrice.

> Seb *rejoint Mélanie en coulisses, le dialogue continue :*

Seb : Ne perds pas de temps, ton eau refroidit. Et Gipsy est pressé de se débarrasser de toi !

Mélanie : Ça m'étonnerait, il me trouve gentille, LUI.

Seb : Encore une critique, je te noie dans la baignoire !

Mélanie : Des menaces, des menaces, des vantardises de mecs, t'es même pas capable !

> *Petit noir*
> Seb**,** Sophie *et* Mélanie *le lendemain à la caravane.*
> Mélanie *en coulisses :*

Sophie : Viens manger, tu n'as pas encore déjeuné !

Seb : Qu'est-ce que vous avez tous après moi ?

Sophie : Monsieur s'est levé du pied gauche ! Tu devrais t'habiller, voilà ton bébé !

Seb : Elle est déjà levée ! Fais-la attendre dehors, s'il te plaît.

Mélanie : Je ne suis pas là pour piétiner ton paillasson ! Je n'attends pas ! Pas encore levé le grand Greg ! Les mecs n'ont aucune résistance à la fatigue. Tu es trop maigre !

Seb : C'est fini pour aujourd'hui ! Je suis maigre, maintenant je le sais, c'est bon !

Mélanie : Eh, tu dis bien à chaque instant que je suis petite ! Je peux rentrer ?

Seb : Je ne suis pas habillé !

Mélanie : Bah, tu sais, j'ai déjà constaté ta maigreur ! Je t'apporte un bon gâteau pour le dessert.

    Mélanie : *entre, grimaçante :*

Mélanie : Si tu commences, je fais du roller toute seule, tu es forfait, dans la poussière. Normal, les filles sont plus gracieuses dans les slaloms !
Seb : Les filles entières, peut-être, toi, tu es en pièces détachées.

Mélanie : Silence la marmaille ! Tu n'entends même pas sonner ton téléphone ! Alors, tu réponds !

Mélanie : C'était qui ?

Seb : Tu es bien curieuse ! Gipsy a eu un message du tailleur pour le dernier essayage.

Mélanie : Ah ! Ton habit de dictateur est bientôt prêt ! Je te préviens, je marche devant !

Seb : Tu n'en auras pas l'occasion, je te rassure ! Ce n'est pas une tenue pour courir les rues.

Mélanie : Quand même ! Tu es prévenu !

    Mélanie : *sort :*

Sophie : Tu as choisi une drôle de copine, éveillée, nature, gentille et qui ne s'en laisse pas compter, que des qualités. Elle fera du chemin cette fille.

Seb : Elle peut aller où elle veut, du moment que c'est loin de mes oreilles. Elle est bourrée de toutes les qualités, un seul défaut : très encombrante. C'est dommage !

Sophie : Tu dis, tu dis ! Mais tu ne l'as pas encore virée !

Seb : Plusieurs fois ! Seulement, elle me revient toujours en pleine poire, un vrai boomerang. En plus, elle est belle comme la femme d'un autre !

Sophie : Elle est un peu perdue ici, sans doute !

Seb : Perdue ? Elle ! Alors, tu la connais mal.

    Mélanie**,** Seb**,** Serge *entre dans la caravane :*

Serge : Je suis venu pour te voir.

Seb *surpris* :

Seb : Moi ?

Serge : Oui, notre affaire n'avance pas. Laissons tomber, je crois que cette surveillance ne mènera nulle part.

Seb *déçu* :

Seb : Nous pouvons continuer, c'est sans risque.

Serge : Le risque intervient quand on ne sent pas le danger !

Seb : Oui, sans doute ! Cet après-midi, nous irons faire quelques figures. Demain, je travaille.

Serge : Ah...

Seb : Oui, un bourge qui veut que je fasse le spectacle d'anniversaire à ses gosses. Pas marrant, mais Gipsy a besoin de travailler.

Serge : Laisse Mélanie à ta mère, elle ne s'ennuiera pas. Je ne veux pas qu'elle aille sur la place toute seule. C'est compris mademoiselle ?

Seb : Maman, tu veux bien garder Radio-Mélanie ?

Serge : Je te fais confiance. Tu n'y vas pas seule !

Mélanie *minaude* :

Mélanie : Seb ! Tu m'emmènes avec toi, je me ferai toute petite.

Serge : Tu pourrais lui demander s'il veut de toi.

Mélanie : Il veut ! Il s'ennuie sans moi !

Petit noir
Seb**,** Serge *et* Mélanie *le soir dans la caravane :*

Serge : Alors qu'avez-vous à me dire sur cette dernière partie de rollers ?

Seb : Les gangsters nous surveillaient. Nous avons eu la bonne idée de simuler une chute, non ? On a réussi à en faire sortir un.

Mélanie : Tu croyais que j'allais me jeter par terre, franchement ! Je suis folle de t'avoir écouté ! Déjà que je gaspille ma jeunesse avec un dingue comme toi !

Seb : Tu es capable de tout. La preuve, tu l'as fait. Tu ne bougeais plus, ils ont fini par être intrigués.

Mélanie : C'est vrai, tu as eu une bonne idée, je croyais que l'on paradait pour rien.

Seb : Il faut de la patience dans la vie. Je suis une comédienne née ! Qui n'aurait pas pitié d'une louve aux yeux tristes, à la mâchoire fatiguée, dotée d'un caractère de chien, et blessée qui plus est ?

Mélanie *se remémorant la scène :*

Mélanie : « Je n'y arriverai jamais, il faut abandonner. J'ai mal. »

Seb : Où as-tu mal ? Qu'il demandait l'autre idiot !

Mélanie : « Partout, surtout à la jambe, aide-moi à me lever. » J'ai bien joué, non ?...

Mélanie : Je me marrais quand il affirmait : « Ta sœur ne pourra pas faire une compétition dans moins d'un mois. » Le

	couillon, s'il était sorti plus vite de chez lui, les graviers ne me seraient pas rentrés dans la peau !
Seb :	C'est parce que tu ne disais rien ! Si tu avais hurlé !
Mélanie :	« Soyez prudents les gosses », il a dit en partant ! S'il savait ce qu'il a balancé dans tes mains en venant prendre de mes nouvelles ! Un mec comme toi, c'est répugnant, Seb, tu es un délateur !
Serge :	J'espère que vous n'avez pris aucun risque.
Mélanie :	Tu parles, c'est moi qui ai tout fait.
Seb :	Difficile comme rôle : allongée par terre !
Serge :	S'il vous plaît, vous vous chamaillerez après.
Seb :	Mélanie a fait traîner et, comme je savais ce que je cherchais, c'était plus facile.
Serge :	Parfait, ils enlèvent les enfants du directeur pour se faire ouvrir les coffres, ils font le coup. Et après ?
Seb :	Ensuite, je n'ai pas tout vu.
Serge :	C'est déjà beaucoup. Tu es un mec bien !
Seb :	J'espère ! À les entendre, ce sont des hommes décidés et dangereux.
Serge :	Tu vois, tu ferais un super flic, je t'assure !
Seb :	Tu parles. Un mouchard de premier ordre, oui !
Serge :	Tu ne sais pas combien ils sont ?

Seb : Quatre ici, trois vers Paris, deux à la ferme, avec la fliquette et les trois du panier à salade, ça fait…

Mélanie : Treize, Seb ne sait pas compter !

Seb : Non, quatorze, il y a une autre femme qui conduit la quatrième voiture.

Serge : Maintenant, je vous interdis de traîner là-bas.

Petit noir. Voix off « Anniversaire de Charlène »
Mélanie*,* Seb *et* Charlène *dans l'appart :*

Mélanie : J'ai peur Seb !

Seb : Ton père ne sera pas là-bas, l'arme au poing, je te rassure.

Mélanie : Tu dois avoir raison. Tu imagines, j'ai déjà pas de mère.

Seb : Je te donne la mienne, elle a l'air de te plaire.

Mélanie : C'est une maman comme la tienne qu'il me fallait, une qui aime les filles.

Seb : Cette histoire de panne de camion ne te paraît pas bizarre, tu ne trouves pas ?

Seb *désabusée :*

Seb : Remarque, le moteur traîne difficilement la ferraille qui l'habille. Emmitouflé dans sa tôle, il doit chauffer !

Mélanie *approuve :*

Mélanie : Il date du Moyen Âge, on dirait qu'il est tombé d'un manège dans les années 1900 !

Mélanie *pleurnicharde :*

Mélanie : Je ne veux pas coucher ici, je veux voir mon père !

Seb : Ce n'est rien, tu as connu pire. Charlène nous invite à dormir, c'est gentil de sa part.

Mélanie : J'en ai marre, tu es un pillard, depuis que je te connais, c'est une guerre d'embrouilles, rien ne va jamais comme prévu. J'appelle mon père, il va venir me chercher ! Toi tu fais ce que tu veux.

Seb *moqueur :*

Seb : Mélanie ! Ton père a autre chose à faire, non !

Mélanie : Et… j'ai même pas mon nounours.

Seb : Tu as un nounours, je ne savais pas ?

Mélanie *ravie :*

Mélanie : Alors, chouette, tu ne vois pas tout !

Charlène *timide :*

Charlène : Pour le nounours, je te prête le mien, si tu dors avec moi.

Seb *faux jeton :*

Seb : Nous ne voulons pas abuser. Merci, tu es gentille.

Charlène : Il y a aussi une chambre pour toi.

Seb : Tes parents ne sont pas là.

Charlène : Mes parents se fichent pas mal de mes invités.

Seb : C'est tentant ! Mélanie ?

    Mélanie *contente :*

Mélanie : Dormons ici, c'est plus simple.

Seb : Ta mère t'a laissée seule pour ton anniversaire, j'y crois pas ?

Charlène : J'ai treize ans aujourd'hui, je suis grande. Rassure-toi, j'ai eu un beau cadeau.

    Mélanie *horrifiée :*

Mélanie : Un cadeau et basta !

Charlène : Venez.

    Petit noir : Il est six heures du matin.
    Mélanie *et* Seb *assis par terre au pied du lit.*
    Mélanie *timide :*

Mélanie : Seb, tu es capable de garder un secret ?

Seb : Je ne dis jamais rien, moi ! Je sais me taire moi !

    Mélanie *inquiète :*

Mélanie : Tu n'en parles pas, tu jures ! À personne, tu as juré !

Seb : Je sais tenir ma langue ! Moi ! On ne peut pas en dire autant de tout le monde !

Mélanie *jette dans un murmure :*

Mélanie : Je crois que je t'aime !

Seb : Je sais ! J'ai peut-être quelques sentiments pour toi.

Mélanie *surprise et rassurée :*

Mélanie : C'est vrai ! Toi aussi ! Tu as juré, tu ne le dis à personne. Surtout pas à la famille.

Seb : À personne, ce sera un secret entre nous deux.

Mélanie : Pourquoi as-tu dit « je sais » ?

Seb : À ton comportement. J'ai commencé à avoir des doutes.

Mélanie : Explique. Moi, je m'en suis aperçue à l'hôtel. En tout cas, on a bien rigolé. Quand j'y pense ! Dis-moi ?

Seb *condescendant :*

Seb : Justement, tu rigolais trop quand tu m'as tiré avec toi dans la baignoire, tu rigolais encore beaucoup quand nous barbotions.

Mélanie : C'est pas un crime, quand même !

Seb *sérieux :*

Seb : Non, seulement tu ne riais plus du tout quand je t'ai lavé le dos.

Mélanie : Et alors, c'est une preuve ? Tu as juré, c'est notre secret !

Seb : J'ai juré !

Mélanie : C'est vrai, tu pensais à moi comme à une petite amie ?

Seb : Oui ! Je n'osais t'en parler, un rien te fâche.

Seb : *farfouille dans ces affaires et en sort une chaîne :*

Seb : Voilà, c'est pour toi.

Mélanie *intriguée :*

Mélanie : Une chaîne !

Seb : Pas seulement !

Mélanie : Avec… un médaillon,… merci, tu es trop gentil. Comment l'as-tu eue ?

Seb : Un soir de spectacle…personne n'est venu la réclamer.

Mélanie *fâchée :*

Mélanie : J'en veux pas ! Sale mec ! Bourreau des cœurs, je vais vous surveiller Greg et toi ! M'offrir un truc à moitié volé, tu ne manque pas de culot !

Seb : Alors, tu n'en veux pas, c'est vrai ?

Mélanie : Non, je ne veux pas d'un truc piqué, récupéré, enfin, tu comprends.

Seb *tendant un écrin à bijoux :*

Seb : Je vois ! Alors, range-le dans ce machin en attendant de le jeter à la poubelle.

Mélanie *indignée, mais souriante :*

Mélanie : Alors, ce n'est pas vrai ? Tu m'as encore faite marcher !

Seb : Le chemin le plus court entre deux personnes, c'est l'humour. Mais les filles n'en ont pas du tout.

Mélanie *la larme à l'oeil :*

Seb : Les larmes, c'est de l'incontinence émotionnelle, Ça ne se soigne pas !

Mélanie : Tu t'enfermes tout le temps dans la moquerie à mon sujet, c'est très méchant !

Seb : Normalement je suis très ouvert, aujourd'hui, j'ai fermé de bonne heure… pour te faire plaisir.
Tu me trouves trop grand, j'ai grandi par hasard, contre mon gré, en souhaitant rester toujours petit pour pleurer tout mon saoul.

Grand rideau

Acte 2

Mélanie **,** Seb *et* Sophie *côté appartement.*

Mélanie *triste :*

Mélanie : Tu vas laisser la caravane ?

Seb : C'est censé être une bonne nouvelle, je te signale. Pourquoi pleures-tu ?

Mélanie *réfugiée sur l'épaule de Seb :*

Mélanie : J'aimais trop aller te voir là-bas. J'étais si bien.

Seb : Les uns sur les autres dans une boîte de sardines rouillée.

Mélanie : Tu veux me faire avouer ma mauvaise foi, sale type ! J'avoue, je me moquais de ton igloo en tôle, mais je l'aimais bien, voilà !

Seb : Un appartement, c'est bien aussi !

Mélanie : Oui… tu ne comprends rien à rien, pour un sorcier, tu es vraiment nul.

Seb : Nous sommes en vacances, demain sera un autre jour. Je vais graisser les vélos avant d'aller en ville.

Mélanie : Trois maisons et une église, mon père appelle cela une ville ! Alors, allons en ville !

Seb : *quitte la pièce et* Sophie *entre :*

Sophie : Alors les vacances, c'est bien ?

Mélanie : Je ne savais pas que la maison de mon grand-père était refaite à neuf. Tu ne m'as rien dit, aucune solidarité féminine.

Sophie : Toi, tu ne me caches rien, je suppose !

Mélanie *convaincante :*

Mélanie : Oh non ! Je suis la vérité personnifiée.

Sophie : Même pas une petite chaîne autour de ton cou !

Mélanie : Comment sais-tu qu'il m'a… ?... je vais le tuer !

Sophie : Alors, c'est lui, je ne savais pas ! Remarque, je préfère qu'il dépense son argent à faire des cadeaux aux filles au lieu d'acheter des cigarettes ou de l'herbe.

Sophie *sort.*
Seb *entre :*

Mélanie : Ta mère a vu la chaîne.

Seb : Bof, du moment qu'elle ne sait pas qui te l'a donnée.

Mélanie : Justement, elle sait !

Seb : Tu avais juré le secret !

Mélanie : Je n'ai rien dit… je me suis vendue en t'accusant !

Seb : Un petit secret dévoilé, pas grave.

Seb : C'est tout ! Elle sait, et alors !

> Seb *très amusé :*

Seb : Quand je pense à votre voisin qui se souvient de toi quand tu étais toute petite. Il n'a pas dû te trouver beaucoup changée, tu es encore petite, en taille !

Mélanie : Il était surpris de revoir la fille de Serge ! Il en bégayait : « Amélie… non… Mélanie, tu as grandi… la dernière fois que je t'ai vue, tu étais grande comme ça », et il écartait les mains d'une cinquantaine de centimètres.

Seb : Il se foutait de toi ! Oui !

Mélanie : Pour un peu je l'étripais ! N'en rajoute pas ! C'est exactement ce qui me manque aujourd'hui. Je devrai être comme toi, enfin presque. Il m'énerve ce macho !

Seb : Ton père a raison, tu es pénible !

Mélanie : Toi, tu vas dérouiller tout de suite. Qu'est-ce qu'ils ont tous à parler de ma taille… heureusement, ma supériorité a emporté tes moqueries.

Seb : Et ton hypocrisie, le reste !

> Mélanie *embrasse Seb :*

Mélanie : Tu veux que je t'assomme ?

Seb : À ce train-là, je vais prendre goût aux disputes !

Mélanie : Aujourd'hui, c'est pouce, tu vas voir demain !

Mélanie *pleine de méfiance :*

Mélanie : Tu ne m'as jamais dit ce que tu voyais sur moi dans tes visions. S'il te plaît, dis-moi ?

Seb : Je vois une fille comme toutes les filles !

Mélanie : Ça veut dire quoi « comme toutes les filles ? » Attention à ce que tu vas dire. Tu penses quoi des filles ?... enfin de moi !

Seb : Plus léger qu'une plume : le vent. Plus léger que le vent : la femme, plus léger que la femme : rien. Plus léger que rien : Mélanie !

Mélanie *montrant le poing tourne ostensiblement le dos :*

Mélanie : Je vais m'occuper de toi ! Demain, tu es pensionnaire de la morgue. J'espère qu'ils ont des grands frigos !

Seb : Continue à faire la grimace, ça t'embellit !

Mélanie *toute câline :*

Mélanie : Sans flatterie, dis-moi comment tu me vois.

Seb : Tu veux savoir ! Je vois une fille pleine de franchise qui n'hésite pas à mentir quand ça l'arrange. Sous une apparence chétive et fragile, tu es forte comme dix. Tu as la volonté d'Attila. Partout où tu passes, les poils ne repoussent jamais dans les oreilles. La douceur d'une lame de rasoir enrobée de chocolat. Enfin, un ange de douceur et d'affection, quoi ! Tu peux te venger si tu veux, c'est ce que je vois !

Mélanie : Tu me vois comme cela ?... Le pire, c'est que je crois que tu as raison. Je peux te dire quelque chose ?

Seb : Tout ce que tu veux !

Mélanie : Attila, chétive et fragile, a beaucoup aimé la douceur que tu as mis à t'occuper d'elle quand ses mains étaient empaquetées. Tu es trop chou !

Mélanie et Seb parlent de leur visite chez le glacier :

Mélanie : Heureusement tu avais des sous sur toi. J'avais envie d'une glace ! J'adore la pistache ! Momo t'a pris pour mon frère, affreux !

Mélanie écœurée :

Mélanie : Seb, quand j'ai dit : « Ah non alors », à Momo tout à l'heure, c'est parce que je ne voulais pas que tu sois seulement mon frère.

Seb : J'avais compris, je ne l'ai pas mal pris.

Mélanie : Je ne parlerai pas de l'invitation à mon père !

Seb : Tu es obligée.

Mélanie : Il n'acceptera pas.

Seb : Ton père n'a pas vécu la même chose. Pour toi, c'est un souvenir un peu triste… pour lui… c'est « son bon temps ».

Mélanie songeuse :

Mélanie : Nous étions tous les trois. J'aimais bien ma mère, elle était presque aussi gentille que la tienne.

Seb : Je comprends.

> Sophie *entre :*

Sophie : Déjà là ! Je suis en retard, rien n'est prêt. L'eau est bonne ?

Seb : Sans doute ! Nous n'y sommes pas allés !

Sophie : Qu'est-ce que tu as fait à Mélanie ? Elle a l'air chagrin.

Seb : Je ne lui ai rien fait, elle a vu le marchand de glaces, c'est tout. Depuis elle est bougonne.

Sophie : Ça a suffi à l'attrister, tu prends ta mère pour une idiote ou quoi ?

Seb : Elle a eu une glace à la pistache couverte d'amandes avec de la chantilly et un parapluie dessus, depuis…

Serge : Momo ! il travaille encore ? Elle t'a raconté, ou tu as deviné.

Seb : Elle m'en a parlé.

Serge : Alors les enfants, ces vacances vous plaisent ?

Mélanie : Bof, faute de Côte d'Azur.

Seb : Moi, je te remercie, tu n'étais pas obligé de nous inviter.

Mélanie : Quand même ! Nous avions droit à un cadeau !

Seb : Il n'avait pas besoin de nous pour ce coup de filet ! Demande-lui combien il en a réussi sans toi !

Serge : Beaucoup, c'est vrai.

Mélanie *dédaigneuse* :

Mélanie : Ouais. Je te rassure Seb, sans toi nous ne serions pas ici. Mon père serait encore à la recherche des auteurs d'un horrible braquage réussi. Un échec pour lui !

Serge : Nous savons tous qu'elle a entièrement raison.

Seb : Évitons de parler de cette affaire. Je suis très bien en vacances ici, moi !

Mélanie : Bof ! Tu as raison, moi aussi !

Seb : Ton père ne s'en va qu'une journée, nous restons ici avec maman. Une journée, c'est tout.

Mélanie : Dis-moi ! C'est la vérité ? S'il te plaît !

Seb : Vérité vraie !

Serge : Ce sont les gens d'ici qui sont à plaindre, ils vont te supporter encore un peu. Vous irez chez Momo tous les trois.

Mélanie : Ils s'en remettront ! À part lui, on va lui bouffer toute sa pistache. Que vas-tu faire à Paris, enfin, si ce n'est pas classé secret défense ?

Serge : Je ne sais pas, je suis convoqué au ministère, c'est tout.

Mélanie : Moi, je sais, ils veulent te féliciter pour ton joli coup de filet.

Serge : Des félicitations, au mois d'août, un lundi, dès le matin ! Je suis sceptique. Je vous appelle quand je saurai.

Mélanie : Comment faire autrement. Je ne vais pas me laisser mourir de faim. J'adore la cuisine de Sophie !

Sophie : Nous allons remplir le frigo pour… deux jours.

Petit noir. Voix off :
Mélanie et Seb reviennent du repas chez Momo. Un projecteur simule un soleil ardent :

Mélanie : Asseyons-nous un peu, j'ai la tête lourde, le repas était copieux, j'ai trop mangé de gâteau.

Seb amusé :

Seb : De gâteau ! Tu représentes le comble de la mauvaise foi.

Mélanie s'allonge après une grimace :

Mélanie : Je sens que tu vas être désagréable…

Seb en se levant :

Seb : Une dose d'apéritif à assommer un cheval alourdit la tête, c'est certain, sans parler de la coupe de champagne.

Mélanie : Où tu vas ? Reste là, j'ai besoin de toi.

Mélanie a très chaud :

Mélanie : C'est vrai, tu resterais avec moi par la pensée si je te laisse un objet à moi ?

Seb : Oui, je veillerais sur toi, promis !

Mélanie :	Tu vas surtout te rincer l'œil, sale gamin ! Me voir partout. Je ne te laisserai pas mon collier.
Seb :	Comme tu veux, je proposais simplement de…

Mélanie *pose le collier dans la main de* Seb :

Mélanie :	Tiens, prends-le tout de suite. Si je suis perdue, tu le verrais ?
Seb :	Oui ! Quand tu penseras à moi, je le saurai.
Mélanie :	Et moi, j'attendrai que tu m'écrives ou me téléphones, ce n'est pas juste ! J'ai chaud, je vais éclater !
Seb :	Eh ! l'alcool, ça te réchauffe déjà l'hiver, alors au soleil !
Mélanie :	Momo a la main lourde… J'adore ta mère, une copine pour moi, gentille et tout.
Seb :	Je m'en doute, elle ne sait pas te dire non, approuve toutes tes idées et te câline par-dessus le marché.
Mélanie :	Tu es un mauvais fils et un mauvais copain !

Mélanie *langoureuse attire* Seb *près d'elle sur le sable :*

Mélanie :	Seb, j'ai adoré quand on était en prison pour faire parler les gangsters. Il n'y a qu'une chose qui n'allait pas bien pour moi.
Seb :	Je vois ! C'est moi ! Je déparais le tableau !
Mélanie :	Oh, non ! Tu es mignon, je le reconnais, malgré tous tes défauts, je suis bien avec toi, même en prison. Surtout emprisonnée d'ailleurs.

Seb :   Ne crois pas que cet aveu va effacer tes façons bavardeuses et me faire oublier tout le restant.

Mélanie :   Je voulais simplement dire, il manquait les menottes à mon bonheur ! Tu imagines, les journaux avec une photo de nous deux enchaînés l'un à l'autre. La légende dirait : la belle Mélanie, fille d'un futur ministre de l'intérieur, qui jouait la fausse sœur, est en fait la complice d'un impitoyable révélateur de passé récidiviste !

    Mélanie *pleure :*

Seb :   Pourquoi pleures-tu ? Tu déclares la guerre contre le papier-journal, ou tu as le vin triste ?

Mélanie :   Regarde-moi ! Tu vois quoi ?

Seb :   Un joli nombril qui grille au soleil.

Mélanie :   Je vais te casser en morceaux, je te demande ce que tu vois ?

Seb :   Un cœur gros comme une montagne, gonflé de fierté qui a peur de perdre son esclave. Et un pauvre clown qui craint de ne plus voir sa muse.

Mélanie :   Je crève de chaud, je n'en peux plus.

    Mélanie *se tourne vers Seb :*

Mélanie :   Seb, comment va finir notre histoire ?

    Seb *circonspect :*

Seb :   Je ne prédis pas l'avenir.

Mélanie : Qui te parle de prédire ! Comment vois-tu le futur. Je voudrais toujours rester avec toi !

Seb : Et tu penses que tout le monde est contre nous.

Mélanie : Te souviendras-tu de moi ?

Seb : Quelle question, tu es inoubliable.

Mélanie : Des mots ! répète le moi en me regardant dans les yeux.

Seb : OK, alors remets ton paravent, tu me gênes.

Mélanie : Mon paravent ?

Seb *posant les mains sur sa propre poitrine :*

Seb : Enfin, le haut, si tu préfères. Si tu le laves encore un coup, ce sera tout juste une ceinture !

Mélanie : Tu as de la chance petit, j'en ai écrasé pour moins que ça ! Je devrais t'oublier tout de suite pour de bon !

Seb *et* Mélanie *de retour à la caravane :*

Sophie : Serge a dit que tout allait bien, il revient.

Mélanie : Il a demandé de mes nouvelles, j'espère !

Sophie : Bien sûr, je lui ai dit que tu te roulais dans le sable, en plein soleil, à moitié nue, n'est-ce pas la vérité ?

Mélanie : Tu nous espionnais… la honte !

Sophie : Je n'écoutais pas, j'ai entendu, nuance.

Mélanie : Sophie, Sébastien me torture. Il est tombé sur la tête. Remarque, il n'y a aucun dégât, sa greffe du cerveau n'a pas pris.

    Seb *menaçant* :

Seb : Toi… Arrête un peu, j'ai la patience fatiguée ! Encore un mot, je rentre dans ma tôle à roulettes !

Mélanie : Le plus bête, mais le plus chou des garçons !

    Serge, *de retour de Paris entre* :

Mélanie : Alors où allons-nous ?

Serge : Tu vas être déçue ma fille, nulle part. Nous restons en place !

Mélanie : Tu me fais marcher, je ne te crois pas !

Serge : J'ai ma quatrième étoile, enfin, je vais l'avoir quand le ministre aura signé, je viens de l'apprendre.

Mélanie : La quatrième, c'est formidable !

    Mélanie *boudeuse* :

Mélanie : Grâce à Sébastien… il y a-t-il une étoile pour lui ?

Seb : Je n'y suis pour rien !

Serge : Si ! La résolution de cette affaire a aidé, par voie de conséquence, vous deux aussi.

    Mélanie *se rue sur Seb* :

Mélanie :   Merci Seb, tu n'as pas de mérite, je sais, c'est moi qui ai tout fait, merci quand même.

Seb :   Dans l'armée, ce sont les généraux qui ont la tête dans les étoiles alors… dans la Police ?

Serge :   Dans la Police, quatre étoiles, c'est directeur d'un service. Je ne sais pas encore lequel.

     Serge *et* Mélanie *sortent :*

Sophie :   Nous restons dans la caravane, nous n'allons pas déménager en rentrant.

Seb :   Je n'y croyais pas beaucoup.

Sophie :   Nous ne déménageons pas, un point c'est tout. Plus tard sans doute.

Seb :   Sais-tu ce qui va se passer pour Serge ?

Sophie :   Non, il n'en sait rien non plus. Il espère être nommé à un poste sédentaire, c'est tout !

Seb :   Pauvre Mélanie, faire les cartons, une fois de plus.

Sophie :   Comment trouves-tu Serge ?

Seb :   J'aimerais devenir un homme comme lui. Solide et tout, pas fier, gentil avec tout le monde. Je l'aime bien, il ne me traite pas comme un gamin, nous parlons d'égal à égal, c'est rare.

Sophie :   En fait, tu l'apprécies.

Seb :   Oui, on peut le dire.

Sophie :	Il a rencontré Gipsy, Serge l'a assuré que tu travailles au nouveau spectacle. Tu y travailles, j'espère ?
Seb :	Il est prêt depuis longtemps. Il manque juste de le donner une première fois devant un public.

Serge *et* Mélanie *reviennent l'air sérieux :*

Sophie :	Tu es un grand garçon, à même de comprendre. Que dirais-tu d'avoir une petite sœur ?
Seb :	Maman, tu… ?
Mélanie :	Chouette, je suis contente pour toi Sophie. Je vais pouvoir pouponner, biberonner, c'est trop bien.
Serge :	Ça m'étonnerait…

Mélanie *furieuse :*

Mélanie :	Dis tout de suite que je suis incapable de m'occuper d'un bébé !
Serge :	Non ! La question n'est pas là ! Je veux dire qu'il ne se laissera pas faire, c'est tout !... Et un frère, ça te dirait Mélanie ?
Mélanie :	Fille, garçon, c'est un bébé, je m'en fiche.
Seb :	Maman ! Pour faire un enfant, il faut être deux, non ?

Serge *montrant Sophie :*

Serge :	Regarde, nous sommes deux.
Seb :	Quoi ! Nous allons avoir une demi-sœur tous les deux ?

Mélanie :   C'est pour quand ? Je n'ai rien vu venir, en principe… cela se voit à l'avance !

Serge :   Il n'y a rien à voir ni à attendre ! C'est déjà fait.

Mélanie :   Expliquez-moi, j'en ai assez de vos énigmes. Enfin, tu es mon père, derrière notre dos, vous avez…

   Seb, *qui s'amuse beaucoup, montrant Mélanie :*

Seb :   Tu vois un bébé ici ? À part toi, évidemment ?

Mélanie :   Attendez, attendez ! C'est nous les gosses ? Vous allez vous marier, c'est affreux, affreux !

Serge :   Pas tout de suite, nous allons cohabiter, pour l'instant.

Mélanie :   Sébastien près de moi tout le temps. Et après ce premier temps, que ferez-vous ?

Serge :   Si tu es d'accord, nous nous marierons. Tu es ma fille et tu comptes beaucoup, tu le sais.

Mélanie :   Un mariage avec le maire, l'écharpe tricolore et tout ?

Serge :   Bien sûr, un mariage, quoi !

Mélanie :   Ah non alors ! Non, je ne veux pas, je ne veux pas !

Sophie :   Mélanie… réfléchit un peu !

Mélanie :   Je ne veux pas de Seb pour frère, même à moitié ! Non, non et non !

Sophie :   N'ayant aucun lien de parenté, tu pourras te marier avec qui tu veux, même avec Sébastien si cela te chante !

Mélanie : C'est vrai ?

Serge : Je confirme !

> Mélanie *horrifiée* :

Mélanie : Quoi ! Me marier ! Avec Seb… alors là, jamais !

Serge : Eh ! Sait-on jamais !

> Mélanie *tout doucement* :

Mélanie : Vous savez ?

Serge : Nous savons effectivement, et c'est ce qui nous permet de bien rigoler depuis un sacré bout de temps. Vous êtes trop mignons tous les deux.

Mélanie : Depuis quand vous savez ?

Sophie : Avant que tu le saches toi-même, sans doute.

> Mélanie *traînant* Seb *dans le public* :

Mélanie : Je vais poser mes conditions à mon père ! Le faux jeton, ils savaient tout, ils rigolaient de nous dans notre dos, ils vont voir !

Seb : Tes conditions ? Les miennes sont toutes simples, tu me fournis en boules Quiès.

Mélanie : Je m'occuperai de tes boules ! Mais tu as intérêt à te tenir à carreau… Si casse mon cœur… je te tue… et, mon père t'achève… juste pour t'apprendre à vivre !

Fin

Cette pièce est extraite de quelques paragraphes du livre

La Bavardeuse

Auteur André Raynaud. Paru en novembre 2011 aux éditions MPE Paris   ISBN : 978-2-7483-7029-4

L'auteur remercie Jocelyne Barbot et la troupe de théâtre *Les trois coups* de Saint-Fromond dans la Manche qui ont apporté une aide précieuse à cette adaptation.

Du même auteur

Cherche pas, éditions ADC, 2008

Si tu crois que, ditions ADC, 2009

Morgane, éditions ADC, 2009

Stef, éditions ADC, 2009

La fille du Rempart, éditions ADC, 2010

La petite, éditions ADC, 2010

La Gamine, éditions Édilivre, 2010

La Bavardeuse, éditions MPE, 2011

Elle s'appelait Lizzie, éditions MPE, 2012

L'été couleur myosotis, éditions MPE, 2013

Seulement des mots, édition Édilivre Aparis 10/2013

Clavardages, éditions Édilivre Aparis 2013

Décalage, éditions Édilivre Aparis 2013

L'Échange, éditions Bod 2014

Les vacances de Meg, éditions Bod 2014

L'affaire Camille, éditions Bod 2015

MIXTE
Papier issu de sources responsables
Paper from responsible sources
FSC® C105338
FSC
www.fsc.org